Mi mundo

Los números

Ruth Merttens

Traducción de Sara Cervantes-Weber

Los numeros by Ruth Merttens. Text copyright © 2005 by Ruth Merttens. Reprinted with permission of Heinemann Library. All rights reserved.

Houghton Mifflin Edition

No part of this work may be reproduced or transmitted in any form or by any means, electronic or mechanical, including photocopying or recording, or by any information storage or retrieval system without the prior written permission of the copyright owner unless such copying is expressly permitted by federal copyright law. With the exception of nonprofit transcription into Braille, Houghton Mifflin is not authorized to grant permission for further uses of this work. Permission must be obtained from the individual copyright owner as identified herein.

Printed in the U.S.A.

ISBN: 978-0-547-17576-8

10 11 12   1420   16 15 14
4500471286

Unas palabras están en negrita, **así**.
Las encontrarás en el glosario en fotos de la página 23.

Contenido

¿Por qué algunas cosas tienen números? 4
¿Dónde hay números? 6
¿Cuáles otras cosas tienen números? 8
¿Por qué tienen números los premios? 10
¿Cómo podemos jugar con
    los números? 12
¿Por qué contamos las cosas? 14
¿Cuántos hay aquí? 16
¿Ahora cuántos hay? 18
¿Qué edad tienes? 20
¿Cómo se escriben los números
    con palabras? 22
Glosario en fotos 23
Nota a padres y maestros 24
Índice 24

¿Por qué algunas cosas tienen números?

Algunas cosas se parecen entre sí.

Al ponerles números, las podemos distinguir unas de otras.

Este autobús tiene un número.

El número les dice a los pasajeros el lugar al que llega el autobús.

¿Dónde hay números?

Las casas tienen números para que sepamos a cuál ir.

El número de una casa forma parte de su **dirección**.

Las embarcaciones tienen números.

Así la gente puede saber cuál va a utilizar.

¿Cuáles otras cosas tienen números?

Estos jugadores de fútbol americano llevan números en sus uniformes.

Los números indican a la gente quiénes son los jugadores.

Los boletos tienen números.

Los números indican en dónde sentarse.

¿Por qué tienen números los premios?

Los números de los **premios** indican cuál es el ganador.

¿Cuál de estos perros crees que ganó la **competencia**?

Un primer premio significa que es el mejor.

También hay segundo premio y tercer premio.

¿Cómo podemos jugar con los números?

Podemos caminar en una pista con números.

A cada paso podemos contar cada bloque.

Podemos divertirnos con juegos de mesa.

En este juego cada quien mueve sus fichas de un número a otro.

¿Por qué contamos las cosas?

Contamos las cosas para saber cuántas hay.

¿Cuántas canicas ves en este juego?

Podemos contarlo todo, o contar solamente algunas cosas.

¿Cuántas de estas galletas tienen corazones?

¿Cuántos hay aquí?

Aquí hay cinco manzanas.

Alguien se comió una manzana.

¿Cuántas manzanas quedan ahora?

¿Ahora cuántos hay?

Aquí tenemos tres sándwiches.

Alguien hizo otro sándwich.

¿Cuántos sándwiches hay ahora?

¿Qué edad tienes?

El número de velitas en tu pastel de cumpleaños dice tu edad.

¿Cuántos años tienes?

En el tronco de los árboles crece una nueva capa de corteza cada año.

Cada capa es un anillo que indica la edad del árbol.

¿Cómo se escriben los números con palabras?

1 uno
2 dos
3 tres
4 cuatro
5 cinco
6 seis
7 siete
8 ocho
9 nueve
10 diez

Glosario en fotos

dirección
página 6
el número y calle para ubicar una casa o edificio

competencia
página 10
actividad o carrera donde un participante trata de ser el mejor

premio
páginas 10, 11
algo que ganas por haber participado en una rifa o competencia

Nota a padres y maestros

El aprendizaje empieza con una pregunta. Cada capítulo de este libro empieza con una pregunta. Lean la pregunta juntos, miren las fotos y traten de contestar la pregunta. Después, lean y comprueben si sus predicciones son correctas. Ayude a los niños a usar el glosario en fotos y el índice para practicar nuevas destrezas de vocabulario y de investigación.

Índice

árbol	21	fútbol americano	8
autobuses	4, 5	galletas	15
boletos	9	juegos	12, 13
canicas	14	manzanas	16, 17
competencia	10	premios	10, 11
dirección	6	sándwiches	18, 19
embarcaciones	7	velas	20